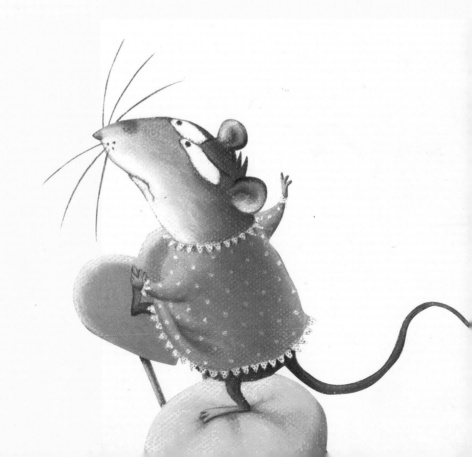

Moss, Miriam
    Renata la gruñona / Miriam Moss; traductor María José Montoya;
ilustraciones Lynne Chapman. -- Bogotá: Panamericana
Editorial, 2007.
    24 p. : il. ; 23 cm.
    ISBN 978-958-30-2607-2
1. Cuentos infantiles ingleses 2. Animales - Cuentos infantiles
3. Amistad - Cuentos infantiles I. Montoya, María José, tr.
II. Chapman, Lynne, il. III. Tít.
I823.91 cd 21 ed.
A1136411

        CEP-Banco de la República-Biblioteca Luis Ángel Arango

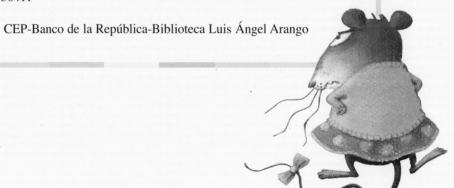

Renata la gruñona

Para Tiggy
M. M.

Para Sophie y Bailey
L. C.

Primera reimpresión, enero de 2014
Primera edición en Panamericana Editorial Ltda., octubre de 2007
© 2007 Alligator Books Ltd.
Creado y producido por Gullane Children´s Books
Un sello editorial de Alligator Books Ltd.
Winchester House
4th floor, 259-269
Old Marylebone Road
Londres NW1 5XJ
www.piawheel.co.uk
Textos © Miriam Moss 2001
Ilustraciones © Lynne Chapman 2001

© Panamericana Editorial Ltda.
Calle 12 No. 34-30, Tel.: (57 1) 3649000
Fax: (57 1) 2373805
www.panamericanaeditorial.com
Bogotá D. C., Colombia

Traducción al español: María José Montoya Durana

ISBN: 978-958-30-2607-2

Impreso por Panamericana Formas e Impresos S. A.
Calle 65 No. 95-28, Tels.: (57 1) 4302110 - 4300355
Fax: (57 1) 2763008
Bogotá D. C., Colombia
Quien solo actúa como impresor.

Impreso en Colombia
Printed in Colombia

Renata la gruñona

Miriam Moss
Ilustrado por Lynne Chapman

PANAMERICANA
EDITORIAL

Renata saltó de la cama.
—¡Auch! —dijo al golpearse el
pulgar del pie contra la silla.
—¡Oh, no! —se quejó cuando
abrió las cortinas. Llovía.
Ahora tendría que quedarse
encerrada todo el día.

Renata se vistió con aburrimiento.
Luego se vio en el espejo.
Cada botón estaba mal apuntado.
–Ah, ¡qué fastidio! ¡Fastidio! ¡Fastidio! –gritó amargada.

–Buenos días –dijo Gabriel

–Malos días –dijo Renata.

–¿Algo está mal? –preguntó Gabriel.

–Todo –contestó gruñendo Renata.

–Desayuna algo –dijo Gabriel.

–No quiero nada –le contestó Renata.

Gabriel cortó unas rebanadas de pan.
–¿Qué haremos hoy? –preguntó.
–No contestar más preguntas –dijo muy ruda Renata.

–Pero, ¿cuál es el problema? –preguntó Gabriel– ¿te puedo ayudar?
–No, no puedes –le contestó Renata con cara larga.

–Si vas a ser grosera –dijo Gabriel con calma–,
tal vez sería mejor que lo hicieras en otra parte.
–Pues me iré a otra parte –gritó Renata mientras
se marchaba fuera del cuarto– ¡y nunca más volveré!

Renata azotó la puerta de la casa y se marchó.

Caminó por el jardín y se dirigió al río.
La lluvia bajaba por su nuca y escurría por sus hombros.

Renata permaneció al pie del río por un laaargo tiempo.
Miraba el agua correr, se sentía miserable.

11

De pronto, Oca apareció.

–Hola Oca –dijo Renata–, me alegra verte.

–¿Te alegra? –dijo Oca–, ¿por qué?

–Porque acabo de irme de casa –anunció Renata.

–¡Dios mío! –dijo Oca–. ¿Para siempre?

–Para siempre –contestó Renata.

Renata se sacudió la lluvia.
—Bueno, ¿por qué no vamos a jugar
en tu casa del árbol? —sugirió Oca.
Renata sonrió: —¡Es una gran idea! —dijo.

Renata se divirtió mucho con Oca,
muy pronto olvidó que estaba amargada
y que se sentía miserable.

Por el río pasaron Liebre y Topo remando.
–¡Hola ahí! –gritó Liebre–. Vengan a jugar
a los piratas con nosotros.

Renata y Oca subieron a bordo.
–Renata escapó de casa –dijo Oca.
–¡Oh, no! –susurró Topo preocupado.
–¿Para siempre? –preguntó Liebre.
–Eso creo –dijo Renata.

Rieron un buen rato mientras jugaban a los piratas y de alguna forma... Oca siempre terminaba caminando por la tabla. Y entonces, comenzó a oscurecer.

–Renata, ¿por qué no vas a casa, sólo por esta noche? –sugirió Topo mientras remaban de vuelta.

–No creo que pueda. Le dije a Gabriel que no volvería nunca –explicó Renata.

–¡Entonces tendrás que quedarte en tu casa del árbol! –exclamó Liebre–. Apuesto a que no te da miedo. Renata se veía muy insegura.

Pero no había nada qué hacer.
Arriba, en la casa del árbol, Renata vio cómo
la oscuridad hacía desaparecer a sus amigos
mientras se iban caminando a casa.
De pronto, algo detrás de ella hizo ¡CRAC!

Renata estaba
congelada del susto.
¡Algo venía a atraparla!
Cerró con fuerza
sus ojos y...

–Hola –dijo Gabriel–. Traje tu comida.
Sirvió para ambos una deliciosa sopa calientita
y se sentaron juntos a saborearla.
Pronto Renata sintió que crecía dentro de ella
algo muy cálido.

–Esta mañana estuve un poco gruñona, ¿cierto? –dijo Renata.
–Sí, pero a todo el mundo le pasa a veces
–dijo Gabriel comprensivo.
–No escapé muy lejos –continuó Renata–, porque te extrañaba.
–Yo también te extrañé –dijo contento Gabriel.
–Cuando terminemos la sopa,
¿podemos ir a casa?

Fin